Anonym

Internes Rechnungswesen

GRIN Verlag

Bibliografische Information der Deutschen Nationalbibliothek:

Die Deutsche Bibliothek verzeichnet diese Publikation in der Deutschen National-
bibliografie; detaillierte bibliografische Daten sind im Internet über http://dnb.d-
nb.de/ abrufbar.

Impressum:

Copyright © 2005 GRIN Verlag GmbH
Druck und Bindung: Books on Demand GmbH, Norderstedt Germany
ISBN: 978-3-656-75659-0

Dieses Buch bei GRIN:

http://www.grin.com/de/e-book/281577/internes-rechnungswesen

GRIN - Your knowledge has value

Der GRIN Verlag publiziert seit 1998 wissenschaftliche Arbeiten von Studenten, Hochschullehrern und anderen Akademikern als eBook und gedrucktes Buch. Die Verlagswebsite www.grin.com ist die ideale Plattform zur Veröffentlichung von Hausarbeiten, Abschlussarbeiten, wissenschaftlichen Aufsätzen, Dissertationen und Fachbüchern.

Besuchen Sie uns im Internet:

http://www.grin.com/

http://www.facebook.com/grincom

http://www.twitter.com/grin_com

Internes Rechnungswesen

1. Aufgaben und Grundlagen der Kosten- und Leistungsrechnung

1.1 Die Kostenrechnung als Bestandteil des Rechnungswesens

Als **betriebliches Rechnungswesen** bezeichnet man die Erfassung, Aufbereitung, Auswertung und Übermittlung der quantitativen Daten, die das Betriebsgeschehen betreffen. Diese Daten dienen zu Planungs-, Steuerungs- und Kontrollzwecken im Unternehmen sowie zur Information Außenstehender.

Hinsichtlich der Informationsempfänger lässt sich das betriebliche Rechnungswesen in internes und externes Rechnungswesen untergliedern.

Externes Rechnungswesen:
- Erfassung von Geschäftsvorfällen, die mit Dritten in Beziehung stehen
- Vorrangig für externe Adressaten
- Unterliegt gesetzlichen Vorschriften
- Finanzbuchhaltung

Internes Rechnungswesen:
- Zusammenfassung der Verfahren zur Erfassung und Überwachung der Geld- und Leistungsströme im Unternehmen
- Hervorgerufen durch den Prozess der Leistungserstellung /-verwertung
- Unterliegt keinen gesetzlichen Vorschriften

Kosten- und Leistungsrechnung:
- Bestandteil des Internen Rechnungswesens
- Hauptbestandteil ist die Leistungserstellung /-verwertung
- Kostenrechnung = Ermittlung der Kosten, die bei Beschaffung und Bewertung entstehen
- Leistungsrechnung = Ergebnisse werden erfasst
- Gegenüberstellung von Kosten und Ergebnissen ergibt den Erfolg

1.2 Funktionen, Prinzipien und Aufgaben der Kosten-Leistungs-Rechnung

Kosten-Leistungs-Rechnung		
Funktionen :	Prinzipien :	Aufgaben :
• Dokumentationsfunktion • Planungsfunktion • Kontrollfunktion	• Kostenverursachungsprinzip • Kostendeckungsprinzip	• Preiskalkulation • Erfolgsermittlung • Wirtschftlichkeitskontrolle • Informationsversorgung

Die **Dokumentationsfunktion** besteht darin, ein Abbild des Unternehmensprozesses für die Unternehmensführung zu schaffen. Dazu werden alle in der Abrechnungsperiode erfassten Leistungen in Art und Höhe ermittelt, erfasst und dargestellt, um den Erfolg zu ermitteln und in seinen Quellen darzustellen.

Die **Planungs- und Prognosefunktion** beschäftigt sich mit den zahlenmäßigen Auswirkungen bestimmter Handlungsalternativen.

Die **Kontrollfunktion** besteht hauptsächlich aus dem Soll-Ist-Vergleich, wobei das "Soll" aus der Planungsrechnung zu ermitteln und das "Ist" aus der Dokumentationsfunktion zu entnehmen ist.

Kostenverursachungsprinzip, heißt, dass jeder Bereich mit den Kosten belastet wird, die er verursacht hat. Die Anwendung ist nur bei eindeutiger Kostenzurechnung möglich.

Kostendeckungsprinzip sagt aus, wie hoch der Deckungsbeitrag bzw. der Preis ist und in welchem Umfang die Kosten gedeckt sind.

Durch die **Preiskalkulation** wird die Höhe der Kosten für ein Produkt ermittelt, um zu entscheiden, ob es sich lohnt, es auf den Markt zu bringen. Sie gibt Auskunft über Gewinn oder Verlust.

Die **Erfolgsermittlung** resultiert aus der Gegenüberstellung von Kosten und Erträgen für das gesamte Unternehmen und auch für einzelne Kostenstellen. Dabei werden fertige und unfertige Produkte betrachtet. Anzustreben ist eine monatliche oder quartalsweise Erfolgsermittlung.

Die **Wirtschaftlichkeitskontrolle** dient zur Aufdeckung von Schwachstellen und Einführung entsprechender Gegenmaßnahmen.

Bei der **Informationsversorgung** werden relevante Kosten- und Leistungswerte bereitgestellt. Sie ist orientiert auf die Vorbereitung und Kontrolle von Entscheidungen.

1.3 Theoretische Grundlagen der Kostenrechnung

1.3.1 Der Kostenbegriff

Kosten sind betriebszweckbezogener, bewerteter Güterverbrauch. Sie sind der wertmäßige Verzehr von Produktionsfaktoren zur Leistungserstellung und Leistungsverwertung.

Hier lassen sich folgende zwei Begriffe unterscheiden:

- **Pagatorischer Kostenbegriff** : Der Verbrauch von Produktionsfaktoren ist so zu bewerten, dass die Kostensumme mit den Auszahlungen für die Produktionsfaktoren übereinstimmt.
- **wertmäßiger Kostenbegriff** : Im Gegensatz zum pagatorischen Kostenbegriff werden beim wertmäßigen Kostenbegriff die Wertansätze des Güterverbrauches entsprechend dem Zweck der Kostenrechnung bestimmt.

Differenzierung der Kosten	
nach Abhängigkeit von der Beschäftigung	fixe Kosten variable Kosten
nach Bezugsumfang	Gesamtkosten Stückkosten Grenzkosten
nach Art der Verrechnung	Einzelkosten Gemeinkosten
nach Verbrauchsherkunft	Primärkosten Sekundärkosten
nach Aufwandsgleichheit	Grundkosten Anderskosten Zusatzkosten
nach Art der verbrauchten Produktionsfaktoren	Personalkosten Sachkosten Kapitalkosten usw.
nach betrieblichen Funktionen	Beschaffungskosten Fertigungskosten Verwaltungskosten Vertriebskosten
nach Umfang der Kostenzurechnung	Vollkosten Teilkosten
nach Zeitbezug	Istkosten Normalkosten Plankosten

Fixkosten sind Kosten, die sich bei Variation einer Kosteneinflußgröße nicht ändern. Sie sind nur zeitabhängig und unabhängig vom Beschäftigungsgrad (z.B. Gehälter, Abschreibungen).

Variable Kosten sind Kosten, die sich bei Variation einer Kosteneinflußgröße kontinuierlich ändern (z.B. Fertigungsmaterial).

Unter **Einzelkosten** sind diejenigen Kostenarten zu verstehen, die den Kostenträgern direkt (ohne Schlüssel) nach Maßgabe des Verursacherprinzips zuzurechnen sind (z.B. Material). Sie werden direkt in die Kostenträgerrechnung übernommen und umgehen die Kostenstellenrechnung.

Gemeinkosten sind diejenigen Kostenarten, die nicht als Einzelkosten erfassbar sind und deshalb den Kostenträgern nicht unmittelbar zugerechnet werden können. Sie fallen für mehrere Kalkulationsobjekte gemeinsam an.

Unter **Primärkosten** sind die bewerteten Güterverbräuche von Faktoren zu verstehen, die von externen Beschaffungsmärkten in die Unternehmung eingehen.

Sekundärkosten sind bewertete Verbräuche solcher Güter, die innerhalb der Einheit "Unternehmung", in der sie erzeugt werden, zu Faktoren werden.

1.3.2 Produktions- und kostentheoretische Grundlagen

Elementare Kostenabhängigkeiten bei Beschäftigungsänderung

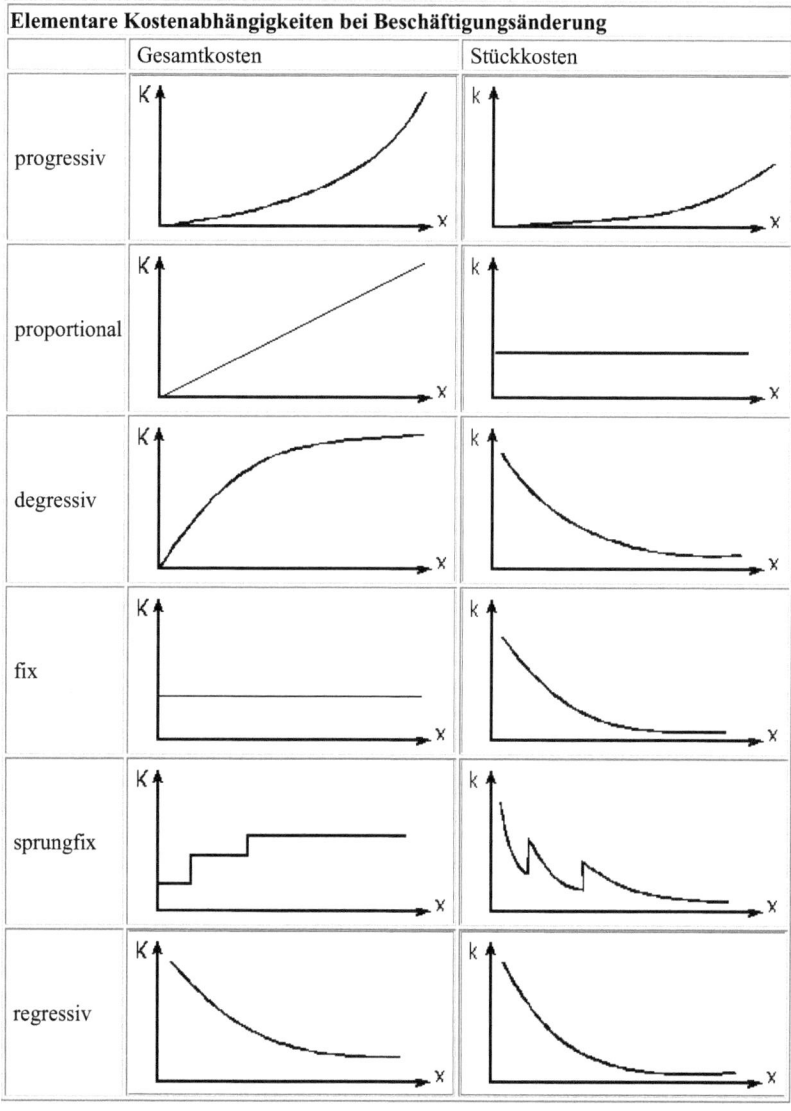

	Gesamtkosten	Stückkosten
progressiv		
proportional		
degressiv		
fix		
sprungfix		
regressiv		

1.4 Überblick über die Kostenrechnung

1.4.1 Aufbau der Kostenrechnung

Aufbau der Kostenrechnung			
Kostenträgerrechnung	Kostenträgerzeitrechnung	=>	Ermittlung der Kosten der Periode Ermittlung des Betriebsergebnisses durch Erfolgsrechnung
	Kostenträgerstückrechnung	=>	Ermittlung der Kosten je Kostenträger durch Kalkulation
Kostenstellenrechnung		=>	Bildung der Kostenstellen Ermittlung der Zuschlagsbasen Verteilung der Kosten auf die Kostenstellen Bildung der Gemeinkostenzuschlagssätze
Kostenartenrechnung		=>	Erfassung und Abgrenzung der Aufwendungen aus der Finanzbuchhaltung Erfassung der Zusatzkosten Differenzierung der Kosten nach Arten

1.4.2 Kostenrechnungssysteme

Zeitbezug	Vergangenheit		Zukunft
Verrechnung	Istkosten	Normalkosten	Plankosten
Verrechnung der vollen Kosten auf die Kostenträger	Vollkostenrechnung auf Istkostenbasis	Vollkostenrechnung auf Normalkostenbasis	Vollkostenrechnung auf Plankostenbasis
Verrechnung der variablen Kosten auf Kostenträger; spezielles Fixkostenmanagement	Teilkostenrechnung auf Istkostenbasis	Teilkostenrechnung auf Normalkostenbasis	Teilkostenrechnung auf Plankostenbasis (Grenzplankostenrechnung)

Die **Vollkostenrechnung** ist das in der Praxis am meisten angewandte Verfahren, wenngleich die Vollkostenrechnung eine Reihe von Mängeln aufweist. Sämtliche Kosten einer Periode werden auf verschiedene Bezugsobjekte verrechnet. Das Problem besteht in der Verteilung der Kosten, die nicht unmittelbar durch die einzelnen Leistungen verursacht wurden, also des fixes Teiles der Gemeinkosten. Zur Lösung dieses Problems wurde die Teilkostenrechnung eingeführt.

Das Grundprinzip der **Teilkostenrechnung** besteht darin, nur relevante Kosten auf die Bezugsgrößen zuzurechnen. Dieses Prinzip wird als Marginalprinzip bezeichnet. Charakteristisch ist, daß Kostenträger, Kostenstellen, Perioden (Zeiträume), Kunden- und Vertriebswege betrachtet werden. In den Kostenstellen verbliebene Kosten, die sogenannten Bereitschaftskosten, werden auch in ein- oder mehrstufigen Verfahren retrograd vom Bruttoerfolg abgerechnet. Die Teilkostenrechnung erfüllt folgende Ziele:

* Verbesserung der Erfolgsanalyse und Erfolgsplanung
* Verbesserung der absatzpolitischen Entscheidungen
* Verbesserung der Faktorkombination
* Verbesserung der Kostenkontrolle

Ist-Kostenbasis:
* Ist-Menge wird zum Ist-Preis bewertet

Normalkostenbasis:
* durchschnittliche Kosten der vergangenen 3 – 5 Perioden für die aktuelle Periode
* Normalkosten werden noch bereinigt (Abweichungen werden rausgerechnet)

Plankostenbasis:
* sorgfältig für die Zukunft bestimmt
* künftig erwartete Kosten auf Grundlage von Erfahrungswerten, Budget

2. Die Kostenartenrechnung

2.1 Aufgaben und Grundbegriffe der Kostenartenrechnung

Die Kostenrechnung hat die Aufgabe, sämtliche für die Erstellung und Verwertung betrieblicher Leistungen innerhalb einer Periode anfallenden Kosten vollständig und eindeutig nach Kostenarten gegliedert zu erfassen und auszuweisen.

Kostenerfassung
* Übernahme von Aufwendungen aus der Finanzbuchhaltung als Kosten
* Separate Ermittlung der Kosten
  o Mengenerfassung (je nach Art der verbrauchten Güter und Dienstleistungen)
  o Wertermittlung (tatsächliche Anschaffungspreise, Wiederbeschaffungspreise, Verrechnungspreise)

Kostenabgrenzung
* Aussonderung neutraler Aufwendungen
  o wegen sachlicher Verschiedenheit
  o wegen zeitlicher Verschiedenheit
* Ermittlung und Aufnahme von Zusatzkosten

Kostenartengruppierung
* nach Funktion
  o Beschaffungskosten
  o Lagerkosten
  o Fertigungskosten
  o Verwaltungskosten
  o Vertriebskosten

- nach Art der verbrauchten Güter und Dienstleistungen
  - Personalkosten
  - Materialkosten
  - Energiekosten
  - Abschreibungen
  - Fremdleistungskosten
- nach der Zurechenbarkeit
  - Kostenträger
    - Kostenträgereinzelkosten
    - Kostenträgergemeinkosten
  - Kostenstellen
    - Kostenstelleneinzelkosten
    - Kostenstellengemeinkosten
- nach der Veränderung bei Beschäftigungsschwankungen
  - fixe Kosten
  - variable Kosten

Abgrenzung der Kategorien Aufwand und Kosten

Gesamtaufwendungen der Periode					
zweckfremde Aufwendungen	außerordentlicher Zweckaufwand		ordentlicher betrieblicher Zweckaufwand		
	außergewöhnlich	periodenfremd	Grundkosten		Zusatzkosten
neutrale Aufwendungen			Gesamtkosten der Periode		
			Anderskosten		Reine Zusatzkosten
			kalkulatorische Kosten		

Auszahlung:
- Abnahme des Zahlungsmittelbestandes (= Kasse + verfügbares Bankguthaben)

Einzahlung:
- Zunahme des Zahlungsmittelbestandes

Ausgabe:
- Verminderung des Geldvermögens (= Zahlungsmittelbestand + Fo – Vb)
- Wertmäßiges Äquivalent der vom Betrieb getätigten Käufe, ohne das eine Auszahlung erfolgen muss

Einnahme:
- Erhöhung des Geldvermögens
- Wertmäßiges Äquivalent der vom Betrieb getätigten Verkäufe, ohne dass eine Einzahlung erfolgen muss

Aufwand:
- Verminderung des Nettovermögens (= Geldvermögen und Sachvermögen)
- Gesamter erfasster Werteverzehr in einer Abrechnungsperiode, der immer gewinnmindernd wirkt

Ertrag:
- Erhöhung des Nettovermögens
- Gesamter erfasster Wertezuwachs in einer Abrechnungsperiode, der immer gewinnsteigernd ist

Kosten:
- Verminderung des Betriebsnotwendigen Vermögens (= Nettovermögen – nicht betriebsnotwendiges Vermögen)
- Bewerteter Verzehr von Sachgütern und Dienstleistungen während einer Periode soweit dieser zur Leistungserstellung und Aufrechterhaltung der Betriebsbereitschaft notwendig ist

Leistung:
- Erhöhung des Betriebsnotwendigen Vermögens
- In Geld bewertete, aus dem betrieblichen Produktionsprozess hervorgegangenen Sachgüter und Dienste einer Periode

2.2 Abgrenzung der Kosten und kostenrechnerische Korrekturen

2.2.1 Die sachliche Abgrenzung

Sachliche Abgrenzung
- Übernahme aller Aufwendungen und Erträge in den Erfolgsbereich (RK1) => Gesamtergebnis
- Abgrenzung aller neutralen Aufwendungen und Erträge und Übernahme in den Abgrenzungbereich (RK2) => neutrales Ergebnis
- Übernahme aller betriebsbezogenen Aufwendungen und Erträge in den KLR-Bereich => Betriebsergebnis

2.2.2 Kostenrechnerische Korrekturen

Kostenrechnerische Korrekturen
- Kalkulatorische Kosten
- Verrechnungspreise
- Periodengerechte Verteilung der Kosten

a) Kalkulatorische Kosten
- es soll nur der Werteverzehr in die KLR eingebracht werden, der auch wirklich (effektiv) durch Leistungserstellung und –verwertung entstanden ist
  → Schwankungen sollen ausgeschalten werden
  → Kostenvergleiche sollen ermöglicht werden
  → Substanzerhaltung

(1) Kalkulatorische Abschreibungen
- stehen den bilanziellen Abschreibungen gegenüber
- betriebsbezogener Aufwand

(2) Kalkulatorische Zinsen
- Gegenposition sind die Fremdkapitalzinsen
- sind Zinsen auf das Fremdkapital und das zur Verfügung gestellte Eigenkapital
  $\Rightarrow$ Verzinsung des betriebsnotwendigen Kapitals

Herleitung der Verzinsung:

Nichtabnutzbares Anlagevermögen	
+ abnutzbares Anlagevermögen	
= Betriebsnotwendiges Anlagevermögen	(nichtbetriebsnotw. AV, z.b. stillgelegte Anlagen, gehen nicht mit ein)
+ Betriebsnotwendiges Umlaufvermögen	
= Betriebsnotwendiges Vermögen	
- Abzugskapital	(zinsfrei zur Verfügg. stehendes FK z.b. Anzahlg. auf Lieferantenkredit)
= Betriebsnotwendiges Kapital	(wird dann verzinst)

(3) Kalkulatorische Wagnisse
- für Risiken, die nicht durch die Versicherung abgedeckt sind
- Bsp.: Vertriebswagnis (Forderungs-/Währungsverluste)
  Entwicklungswagnis
  Bestandswagnis (Schwund)
  Anlagenwagnis (Maschinenausfälle)
  Gewährleistungswagnisse (Garantieleistung wird vom Kunden in Anspruch genommen)
  Fertigungswagnisse (Materialfehler, Nacharbeiten)

(4) Kalkulatorischer Unternehmerlohn
- nur in Einzelunternehmen und Personengesellschaften
- kommt nicht in der FiBu vor
- reine Zusatzkosten

(5) Kalkulatorische Miete
- sind sowohl Zusatzkosten als auch Anderskosten
- Zusatzkosten: ausschließlich private Räume werden für betriebl. Zwecke genutzt
- Anderskosten: Nutzung privater und fremder Räume

b) Verrechnungspreise
- um Schwankungen auszugleichen, wird der durchschnittl. Istpreis der Vorperiode benutzt, um die Preise für die Planperiode zu bekommen

c) periodengerechte Verteilung der Kosten
- best. Ausgaben fallen im U stoßweise an
  $\Rightarrow$ zeitliche Abgrenzung nötig, um eine gleichmäßige Belastung zu erhalten

2.3 Die Erfassung der Kostenarten

2.3.1 Materialkosten

Materialkostenerfassung Roh-, Hilfs-, Betriebsstoffkosten	
Schritt 1 : Ermittlung der Verbrauchsmengen	**Schritt 2: Bewertung der Verbrauchsmengen**
<ul><li>Festwertmethode</li><li>Inventurmethode</li><li>Fortschreibungs- (Skontrations-) Methode</li><li>Rückrechnungs- (retrograde) Methode</li></ul>	<ul><li>Verrechnungs- (Festpreis-) Verfahren</li><li>Durchschnittsverfahren</li><li>Verbrauchsfolgeverfahren</li></ul>

Schritt 1:

a) Festwertmethode

- Verzicht auf exakte Ermittlung des Materialverbrauchs
- Erfassung der Materialzugänge und Unterstellung, dass der Zugang gleich Verbrauch ist
- Erfassung ist nicht produktbezogen möglich, sondern nur U – insgesamt
- sehr ungenaues Verfahren
- Anwendung nur bei Betriebs- /Hilfsstoffen

b) Inventurmethode

- es wird nicht der lfd. Materialverbrauch erfasst, sondern am Ende der Periode wird eine körperliche Inventur durchgeführt und so der Lagerbestand ermittelt
- Materialverbrauch = AB + Zugänge – EB
- Vorteile: -
  - o keine aufwendige Lagerbuchhaltung relativ einfach (Zugänge erhält man aus der FiBu, SB / AB aus der Inventur
- Nachteile:
  - o EB muss festgestellt werden durch Inventur
  - o Bestandsminderungen durch Schwund sind nicht feststellbar → wird einfach als Verbrauch angesehen
  - o Zurechnung auf Kostenträger / -stellen ist nicht möglich
- Inventurmethode ist nur sinnvoll in kleinen U mit begrenztem Materialbestand

c) Fortschreibungsmethode

- sehr genaues Verfahren
- setzt Lagerbuchhaltung voraus, d.h. es wird eine Lagerkartei geführt, in der die Zu- und Abgänge erfaßt werden
  - o Zugang wird über den Lieferschein erfaßt
  - o Abgang wird über den Materialentnahmeschein (MES) erfaßt
- Materialverbrauch = Summe d. Entnahmen lt. MES
- Lagerbestand = AB + Zugang – Abgang

10

- Lagerbestand wird i.d.R. einmal jährlich mittels körperlicher Inventur aufgenommen
- während des Jahres wird der Lagerbestand mittels permanenter Inventur festgestellt
- bei Abweichungen sind die Ursachen somit genau feststellbar (z.B. wurde der MES nicht genau gebucht; illegale Entnahmen etc.)
- Vorteil:
  - o über MES ist Kostenstelle / -träger bekannt
    ⇒ direkte Zurechnung des Materialverbrauchs auf Kostenträger /-stelle mgl.
  - o Lagerverluste sind lokalisierbar (⇒ Ursachenanalyse)
- Nachteile:
  - o permanente Inventur ist sehr aufwendig
- Anwendung in großen u. mittleren U mit breiter Produktpalette

d) Rückrechnungsmethode

- anhand von bereits bekannten Stücklisten und Konstruktionsunterlagen kann man ermitteln, welche Materialarten in welchem Umfang im Produkt enthalten sind
  ⇒ rückwärts wird vom Produkt auf den Verbrauch geschlossen
- Materialverbrauch = hergestellte Stückzahl x Sollverbrauchsmenge pro Stück
- von der Kostenträgerrechnung gelangt man über die K-Stellenrechnung zur K-Artenrechnung
- Berücksichtigung von betriebsbedingten Abfällen in Form von prozentualen Zuschlägen
- Nachteile:
  - o bei komplizierten Erzeugnissen sehr aufwendig / kaum nachvollziehbar
  - o Bestandsminderungen sind schwer feststellbar
  - o Gemeinkostenmaterial nicht direkt den Kostenträgern /-stellen zurechenbar

Schritt 2:

a) Verrechnungsverfahren

- für best. Materialarten wird über einen längeren Zeitraum ein Festpreis angewendet
- dieser kann aus Vergangenheitswerten resultieren und ein Planwert zur Substanzerhaltung sein
- Rückschlüsse zwischen Menge und Wert sind möglich
- Preisschwankungen /-differenzen werden eliminiert
  → positiv für die Lagerhaltung
  → Zeitvergleiche sind möglich
- Nachteile:
  - o in der FiBu werden effektive Werte verwendet, in der KLR nur der Verrechnungspreis ⇒ Differenzen entstehen
  - o Differenz muss zum Jahresende gebucht werden (entweder wurde zuviel verrechnet oder man hat einen nachträgliche Kostenbelastung, da zuwenig verrechnet wurde)

b) Durchschnittsverfahren

- Verwendung von durchschnittlichen Anschaffungskosten, wenn das Material zu unterschiedlichen Zeiten, von unterschiedlichen Lieferanten etc. bezogen wurde

(1) Permanenter Durchschnittspreis:
- auch rollender Durchschnittspreis genannt
- wird nach jedem Zugang neu ermittelt (arithmetisches Mittel)
- ist sehr aufwendig, dafür aber zeitnaher am tatsächlichen Preis ⇒ Tendenzen sind sofort sichtbar

(2) Periodenbezogener Durchschnittspreis:
- auf Basis der Istwerte von vergangenen Perioden bildet man den neuen Wert konstant für das kommende Jahr
- berücksichtigt werden sollten jedoch Qualitätsänderungen

c) Verbrauchsfolgeverfahren

- unterstellt wird eine bestimmte Verbrauchsfolge (Lifo, Fifo ...)
- geringe Bedeutung in der KLR
- Anwendung nur möglich., wenn der Verbrauch nachweisbar ist
- ist periodenbezogen oder permanent möglich

2.3.2 Personalkosten

Personalkostenerfassung		
Lohn- und Gehaltskosten	Sozialkosten	Sonstige Personalkosten
• Zeit-, Akkord- und Prämienlohn • Fertigungs-, Hilfslohn	• gesetzliche Sozialkosten • freiwillige Sozialkosten	• Personalbeschaffungskosten • Personalfreisetzungskosten

Sortierung der Lohnbelege nach		
Name und Nummer des Lohnempfängers	Kostenstellen	Kostenträgern
• Lohnart, Lohngruppe • Stundenlohn, Monatsgehalt • Sozialkosten	• Hilfslöhne • Gehälter • Sozialkosten • sonstige Personalkosten	• Fertigungslöhne • produkt-, auftragsbezogene Löhne und Gehälter
=> Lohn und Gehaltsrechnung	=> Kostenstellenrechnung	=> Kostenträgerrechnung

Lohn- und Gehaltskosten:

a) Zeitlohn
- gleicher Lohnsatz pro Zeiteinheit unabh. von der Anzahl der hergestellten Erzeugnisse
- Zeitlohn = Lohnsatz je ZE x Anzahl der ZE

12

- Anwendung:
  - wenn Qualität von großer Bedeutung
  - bei mgl. Unfallgefahr
  - wenn kontinuierlicher Ablauf gegeben
  - wenn Arbeit nicht quantitativ meßbar ist
  - bei schöpferisch / künstlerischer Arbeit

b) Akkordlohn

- leistungsabhängig
- gibt versch. Formen:
  - reiner Akkordlohn
  - Einzelakkord
  - Gruppenakkord
  - Geldakkord
  - Zeitakkord

c) Prämienlohn

- besteht aus leistungsunabhängigem (Grundlohn) und leistungsabhängigem (Prämie) Teil
- Arten:
  - Mengenprämie
  - Ersparnisprämie
  - Nutzungsprämie (bessere Ausnutzung der Betriebsmittel)
  - Prämie für Einhaltung der Termine

d) Hilfslöhne
- Lohn für Produktionshilfsarbeiten (z.B. Transport, Elektrikerarbeiten, Reparaturen...)
- nur der Kostenstellen zurechenbar

e) Gehälter
- ist Zeitlohn für kaufmännisches und technisches Personal
- sind Gemeinkosten

Sozialkosten:

- Aufwendungen des U, die über Lohn / Gehalt hinaus getätigt werden
- Gesetzlich:
  - Arbeitgeberanteil für die Rentenversicherung, Krankenversicherung, Arbeitslosenversicherung und Pflegeversicherung
    - gesetzl. Unfallversicherung trägt der Arbeitgeber alleine, gezahlt wird sie über die Berufsgenossenschaft
- Freiwillig:
  - gezahlt wird entsprechend der Vereinbarungen mit d. Arbeitnehmer (AN)

Sonstige Personalkosten:

- sind immer mit Veränderungen im Personalbereich verbunden
  ⇒ fallen unregelmäßig an
- Personalbeschaffungskosten:

- o Kosten für das Anwerben neuer MA
- o Reisekosten
- o Bewerbungsgesprächskosten
- o Umzugskosten
- Personalfreisetzungskosten:
  - o Abfindungen

2.3.3 Dienstleistungskosten

- werden verursacht durch die Inanspruchnahme von Leistungen Dritter
- Bsp.: Transportkosten, Reparaturkosten, Versicherungskosten, Beratungskosten
- Erfassung und Zurechnung ist abh. von den techn. und räuml. Voraussetzungen
- gesondert zu erfassen sind:

    (1) Instandhaltungskosten
    man unterscheidet: → Instandsetzungskosten (Herstellung der Funktionsfähigkeit)
    → Inspektionskosten (Beurteilg. d. Zustand v. Betriebsmitteln)
    → Wartungskosten (Bewahrung der Funktionsfähigkeit)
    (2) Werkzeugkosten
    - Hand-, Meß-, Maschinenwerkzeuge
    - werden wie geringwertige Wirtschaftsgüter behandelt ⇒ sofort in die Kosten verrechnet

    (3) Öffentliche Abgaben
    1.Gruppe: Versicherung, Gebühren, Beiträge
    → häufig ist Gegenleistung vorhanden
    2.Gruppe: Steuern (Kostensteuern), z.B. Grundsteuer, Kfz-Steuer, Gewerbesteuer
    → keine Gegenleistung vorhanden

2.3.4 Kalkulatorische Abschreibungen

Abschreibungen sind Beträge im U, die auf Grund des Werteverzehrs am AV in der GuV als Aufwendung angesetzt werden.

a) Ursachen

(1) primär technische Art: → durch Verschleiß, Abnutzung...
(2) primär wirtschaftliche Art: → durch techn. Fortschritts
                                 → durch Bedarfsentwicklung am Markt
                                 → durch Entwertung durch Fristenablauf
b) Arten

- Bilanzielle Abschreibungen
  - o dienen der nominellen Kapitalerhaltung
  - o unterliegen handels- und steuerrechtlichen Vorschriften
  - o Basis sind die Anschaffungs- bzw. Herstellungskosten und die Afa Nutzungsdauer
  - o abgeschrieben wird, bis die Nutzungsdauer abgelaufen ist (bis der Zeitwert des abgeschriebenen Gutes gleich Null ist)
  - o Erfassung von verschleiß- und altersbedingter Abnutzung

- Kalkulatorische Abschreibung
  - o dienen der substanziellen Kapitalerhaltung
  - o tatsächlicher Werteverzehr soll möglichst genau widergespiegelt werden
  - o Basis ist die betriebsindividuelle Nutzungsdauer, dabei keine Bindung an die Anschaffungs- bzw. Herstellungskosten, sondern Bindung an Wiederbeschaffungswert
  - o keine rechtlichen Vorschriften
  - o Erfassung von verschleißbedingter Abnutzung (Rest ist durch Wagniskosten zu berücksichtigen)

c) Berechnung des Wiederbeschaffungswertes

(1) Indexverfahren

- vom statistischen Bundesamt werden Listen über die Preisentwicklung herausgegeben
  → diese dienen dann als Grundlage für branchenübliche Preislisten
- aufgrund dieser Entwicklung wird der Wiederbeschaffungswert ermittelt

(2) Stufenweise Erwirtschaftung des Wiederbeschaffungspreises

- Basis sind die Anschaffungs- / Herstellungskosten
- Schätzung der vorläufigen Nutzungsdauer → über welchen Zeitraum wird das Anlagegut sinnvoll zu nutzen sein
- über diesen Zeitraum wird dann abgeschrieben, bis der Wiederbeschaffungspreis erreicht ist
- wenn die Nutzungsdauer länger / kürzer ist als die vorgeschriebene ND lt. Afa-Tabelle, kommt es zu Differenzen zwischen bilanzieller und kalkulatorischer Abschreibung
  → diese Differenz führt dann zu einem neutralen Aufwand od. Ertrag

(3) Abschreibung über Null hinaus

- Basis sind die Anschaffungs- / Herstellungskosten
- Abschreibung erfolgt über die tatsl. Nutzungsdauer
- wenn diese dann länger ist als die Afa-ND, spricht man von einer Abschreibung über Null hinaus
- Problem: sinkt die ND (da Produkt z.B. veraltet ⇒ neue Maschinen nötig), dann kommt es zu Abschreibungsverlusten
  ⇒ Abschreibungen können nicht mehr in voller Höhe verrechnet werden
  ⇒ Gefahr für Substanzerhaltung

2.3.5 Kalkulatorische Zinsen

- Zinsen sind das Entgelt für überlassenes Fremdkapital
- in der Kostenrechnung sind auch Zinsen für das eingebrachte Eigenkapital mgl.
→ zulässig, da jede zur Verfügungstellung von Kapital Anspruch auf Verzinsung verursacht

a) Ermittlung des betriebsnotwendigen Kapitals

Nichtabnutzbares Anlagevermögen	
+ abnutzbares Anlagevermögen	(Restwertverzinsung, Durschnitts-verzinsung)
= Betriebsnotwendiges Anlagevermögen	(nichtbetriebsnotw. AV, z.b. stillge-legte Anlagen, gehen nicht mit ein)
+ Betriebsnotwendiges Umlaufvermögen	
= Betriebsnotwendiges Vermögen	
- Abzugskapital	(zinsfrei zur Verfügg. stehendes FK z.B. Anzahlg. auf Lieferantenkredit)
= **Betriebsnotwendiges Kapital**	(wird dann verzinst)

b) Festlegung des Zinssatzes

* Basis ist der marktübliche Zinssatz für lgfr. Fremdkapital oder die Opportunitätskosten
* Zinsen sind direkt dem Anlagegut zuzurechnen oder man erfaßt sie als Summe in der Kostenartenrechnung

2.3.6 Kalkulatorische Wagnisse

Jede unternehmerische Tätigkeit ist mit Risiken verbunden. Diese Risiken sind entweder quantifizierbar oder nicht quantifizierbar.

(1) nicht quantifizierbar
* allgemeines U – Wagnis
* z.b. bei U – Gründung, durch techn. Entwicklung, durch Treffen falscher Entscheidungen
* geht immer zu Lasten des Gewinns

(2) quantifizierbar
* sind vorhersehbar und auf Grund von Erfahrungswerten berechenbar
* Zeitpunkt und Höhe sind jedoch unklar
* sind sog. Einzelwagnisse
* einen Teil kann man versichern (Versicherungsprämie geht dann in die Kosten ein), der Rest wird durch kalkulatorische Wagnisse erfaßt

Arten von kalkulatorischen Wagnissen:

(1) Anlagenwagnis
* vorzeitiges Ausscheiden der Anlagen durch Änderung der Art der DL oder des Produktionsprogramms; auf Grund von Störfanfälligkeit der Maschine u.a.
* Basis ist der Anschaffungswert (z.B. 3 % des Anschaffungswertes als Anlagenwagnis pro Jahr)

(2) Entwicklungswagnis
* technischer Fortschritt, unreifer Markt etc. zwingt den Unternehmer, seine F&E-Vorhaben abzubrechen

(3) Fertigungswagnis
- schlampige Arbeit bei der Eingangskontrolle, aber Reklamationszeit ist schon vorbei
- Ausschuß, Nacharbeit, Konstruktionsfehler...

(4) Vertriebswagnis
- Erfassung von Forderungsausfällen, Währungsverlusten

(5) Beständewagnis
- Veraltung, Korrosion, Lagerverluste, Entwertung von Lagervorräten

(6) sonstige Wagnisse
- Gewährleistungswagnis (Garantie, Preisnachlaß...)

2.3.7 Kalkulatorischer Unternehmerlohn und kalkulatorische Miete

a) Kalkulatorischer Unternehmerlohn

- nur in Einzelunternehmen und Personengesellschaften, da dort der Eigentümer gleich dem Gesellschafter ist
- stellen Zusatzkosten dar (Kalkulationsbestandteil in der Kostenrechnung)

Ermittlung des Unternehmerlohnes:

(1) Seifenformel

$$UL = 18 * \sqrt{\text{Jahresumsatz}}$$

(2) RKW-Formel (Rationalisierungskuratorium der dt. Wirtschaft)

$$UL = \text{Sockelbetrag} + 2 * \sqrt{\text{Jahreswertschöpfung}}$$

→ Sockelbetrag ist abh. von der Branche
→ Jahreswertschöpfung sind i.d.R. die Gesamtkosten abzgl. der Roh-/Hilfs-/Betriebsstoffe

(3) Finanzamtformel

$$UL = 18 \text{ bis } 25 * \sqrt{\text{Umsatz}} + 19\,\% \text{ Teuerungszuschlag}$$

= angemessenes Gehalt für einen Geschäftsführer

(4) AG – Formel

$$UL = 63 * \sqrt[4]{\text{Bilanzsumme}}$$

(5) Arbeitsmarktpreis

Was müßte man zahlen, wenn der Geschäftsführer eines Einzelunternehmen / Personengesellschaft ausfällt?

Basis ist z.B. das Gehalt von Vorstandsmitgliedern oder das Gehalt leitender Mitarbeiter des U. Dieses Gehalt wird dann mit dem Faktor 1,4 – 1,8 multipliziert.

b) Kalkulatorische Miete

→ Basis ist die ortsübliche Miete oder die Opportunitätskosten

2.4 Die Erfassung der Leistung (Erlös)

Leistung ist der Wert aller betriebsbedingt erbrachten Güter und DL

- Grundleistung: ertragsgleiche Leistung (Ertrag = Leistung)
- Andersleistung: bei Bewertung der Bestände; unterschiedl. Bewertungsansätze
- Reine Zusatzleistung: Leistung   ohne   Ertrag

- Leistung wird unterteilt in Sachleistung und Dienstleistung.
  Der Wert der Dienstleistung nimmt immer mehr zu und ist kaum noch von der Sachleistung zu trennen.

- Bewertung der Leistung:
  o Absatzleistung wird zu Preisen bewertet
  o Lagerleistung wird zu Kosten bewertet

- Wann wird die Leistung erfasst? Zeitpunkt der Rechnungserstellung (bei Verkauf an dritte) ist gleich der Zeitpunkt der Leistungserstellung

Probleme bei der Leistungserfassung:

Erlösschmälerung durch:

Rabatte:	- Mengen-,	Kundenrabatte
	- werden nur in der Kostenrechnung aufgeführt	
Skonti:	- Erfassg. d. Skonti mittels Ansatz von Standartwerden / Durschnittswerten	
Boni:	- nachträglicher	Rabatt
	- z.B. wenn best. Mindestmenge abgenommen wird	
Konventionalstrafe:	- bei Nichteinhaltung best. vertragl. Vereinbarungen (Termine, Qualität)	

3. Die Kostenstellenrechnung

3.1 Aufgaben und Grundlagen der Kostenstellenrechnung

- Verteilung der Gemeinkosten aus der Kostenartenrechnung
  Die Kostenstellenrechnung (KSR) übernimmt die Kosten aus der Kostenartenrechnung (KAR), welche den Kostenträgern nicht unmittelbar zugerechnet werden – die Gemeinkosten – und weist sie nach Belegen oder Verteilungsschlüsseln anteilig und möglichst verursachungsgerecht den Stellen im Unternehmen zu, in denen sie entstanden sind
- Durchführung der innerbetrieblichen Leistungsverrechnung
- Vorbereitung der Kalkulation
- Kontrolle der Wirtschaftlichkeit am Ort der Entstehung durch Überwachung des Kostengüterverbrauchs
- Für jeden Kostenbereich werden aus den ermittelten Gemeinkosten auf der Grundlage geeigneter Zuschlagsgrößen Zuschlagsprozentsätze ermittelt, die für die anteilige Zuweisung der Gemeinkosten zu den Kostenträgern erforderlich sind.

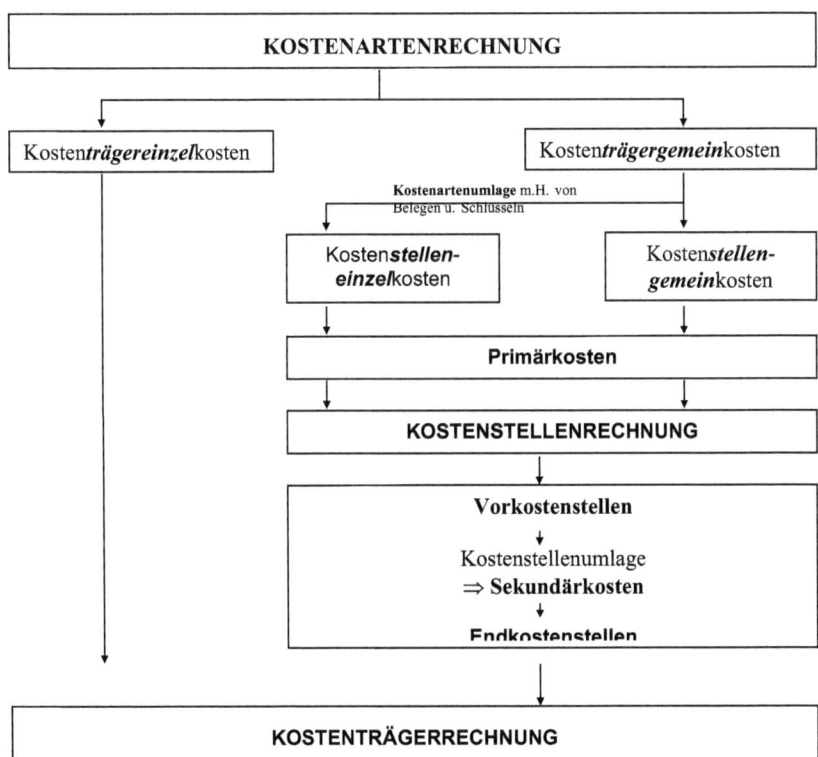

3.2 Die Bildung und Gliederung von Kostenstellen

Die Anforderungen an die Kostenstellenbildung sind abgeleitete aus den Anforderungen an das Unternehmen. Sie sind nicht gesetzlich vorgeschrieben, sondern liegen im Ermessen eines jeden Unternehmen selbst (unter dem Aspekt der Wirtschaftlichkeit).

Kostenstellen: sind funktionale, organisatorische od. nach anderen Kriterien abgegrenzte Teilbereiche eines Unternehmens, für die alle von ihnen verursachten Kosten erfasst, ausgewiesen, ggf. geplant und kontrolliert werden.

= Tätigkeits- und Verantwortungsbereiche im Unternehmen, die eine organisatorische Einheit bilden und an dem Prozeß der Kosten- und Leistungserstellung beteiligt sind

a) Gliederungsaspekte der Kostenstellenbildung

Die Bildung von Kostenstellen geschieht im allgemeinen nach vier grundsätzlichen Prinzipien:

I. Räumliche Prinzipien
Alle räumlich abgegrenzten Betriebsteile werden zu einer Kostenstelle zusammengefasst.

II. Funktionale Prinzipien
Gleichartige Arbeitsgänge werden in einer Kostenstelle zusammengefasst. Wenn innerhalb der gleichartigen Arbeitsgänge noch starke Unterschiede in Bezug auf die damit verbundenen Kosten bestehen, kann eine weitere Differenzierung in Arbeitsgänge annähernd gleichen Wertes vorgenommen werden.

Kostenstellenbildung nach betrieblichen Gesichtspunkten				
Allgemeine KST	Material - KST	Fertigungs - KST	Verwaltungs - KST	Vertriebs – KST
KST Energievesorgung	KST Einkauf	KST Vorfertigung	KST Rechnungswesen	KST Verkauf
KST Gebäude	KST Rohstofflager	KST Dreherei	KST Personalbüro	KST Versand
KST Kesselraum	KST Warenkontrolle	KST Montage	KST Geschäftsführung	KST Werbung

III. Verantwortungsbezogene Prinzipien
Jede Kostenstelle fällt genau mit dem Verantwortungsbereich jeweils eines Vorgesetzten zusammen.

IV. Rechentechnische Prinzipien
Die Kosten werden auf jeden Arbeitsplatz separat zugerechnet, der seinerseits nach Maßgabe zeitlicher Inanspruchnahme (z.B. Maschinenstundensatz) durch die Erzeugnisse die Gemeinkosten auf die Produkte überwälzt.
Welches dieser Prinzipien angewandt wird oder ob eine Kombinationsform gewählt wird, kann nur betriebsindividuell entschieden werden.

Kostenstellenbildung nach abrechnungstechnischen Gesichtspunkten			
Hilfskostenstellen		Hauptkostenstellen	Nebenkostenstellen
Allgemeine KST	Fertigungshilfs- KST		
Vorkostenstellen		Endkostenstellen	

b) Grundsätze der Kostenstellenbildung

- KST sollten selbst Verantwortungsbereiche sein und mglst. eine räumliche Einheit darstellen
  → wichtig für Kompetenzenabgrenzung und Kostenkontrolle

- Höhe der Kostenverursachung muß meßbar sein
  → Schätzungen sollten die Ausnahme bilden

- Belege der Kostenentstehung sollten zeitnah und korrekt erfaßt werden (spätestens am Periodenende) und die Kosten sollten eindeutig als Kostenart zurechenbar sein

- Beachtung der Wirtschaftlichkeit
  → Buchungsaufwand sollte vertretbar sein
  → Kontierung der Kostenart auf die Kostenstelle sollte gleich mgl. sein

3.3 Die Verrechnung der Primärkosten

→ mglst. verursachungsgerecht dort erfassen, wo entstanden

Kostenstelleneinzelkosten:
- direkt mit Belegen auf die Kostenstelle zuordnen
- Belege können sein:
  - Anlagenkartei (enthält, welche Anlagegüter in welcher Kostenstelle stehen)
  - Lohnlisten (für welche Kostenstelle wurde Lohn in welcher Höhe gezahlt)
  - Gehaltsliste (s.o.)
  - Materialentnahmeschein
  - Kostenaufwandsbuch

Kostenstellengemeinkosten:
- Verteilung erfolgt m.H. von Verrechnungsschlüsseln
- Anforderungen an Schlüsselgrößen:
  - sollten die Kostenverteilung nach dem Kostenverursachungsprinzip ermöglichen
  - Proportionalität zwischen Kostenhöhe und Schlüsselgröße
  - Schlüsselgrößen werden direkt gemessen und dann indirekt auf die Kosten verteilt
  - je genauer der Schlüssel, um so genauer die Erfassung der Kosten

Arten von Schlüsselgrößen:
- Mengenschlüssel: Quadratmeter, Gewicht, Beschäftigtenzahl
- Zeitschlüssel: Arbeitszeit, Maschinenstunden, Lagerzeit
- Wertschlüssel: Anlagenwert, Einzelkosten, Lohnkosten

Bsp.: Verteilung der Kosten der Kantine auf die Kostenstellen

Mengenschlüssel → Anzahl der Beschäftigten
Wertschlüssel → Lohnsumme

I. Schlüsselsatz $= \dfrac{10\ 000\ DM}{100\ Beschäftigte} = 100\ DM\ /\ Beschäftigen$

	A	B	C	Summe
Zahl der Beschäftigten	60	20	20	100
Kosten der Kantine	6000	2000	2000	10000

II. Zuschlagssatz $= \dfrac{10\ 000\ DM}{200\ 000\ DM} * 100 = 5\ \%$

	A	B	C	Summe
Lohnsumme	110 000	40 000	50 000	200 000 (= 100 %)
Kosten der Kantine	5 500	2 000	2 500	10 000 (= 100 %)

Ergebnis: Kostenartenkonten sind entlastet und die Kostenstellenkonten belastet alle Primärkosten stehen auf d. Vorkostenstellen

3.4 Die Verrechnung der Sekundärkosten

• Kosten der Vorkostenstellen werden auf die Endkostenstellen verrechnet
• Vorkostenstellen werden „auf 0 gebracht"
• resultiert aus abgesetzter und innerbetrieblicher Leistung

Innerbetriebliche Leistung: (1) aktivierbar
     - selbsthergestellte Güter werden im eigenen U gebraucht
     ⇒ aktivierte Eigenleistung
     ⇒ Abschreibung mgl.

     (2) nicht aktivierbar
     - Reparaturleistung, die man selber erbringt
     ⇒ Verteilung auf die Endkostenstellen

Verfahren zur Verrechnung der Sekundärkosten – Kostenstellenumlage – :

- Kostenartenverfahren
  - Sonderverrechnung für erstellte Leistungen außerhalb des normalen Leistungsspektrums
  - bei Leistungsaustausch zw. Hauptkostenstellen
  - Ablauf: empfangene Kostenstelle wird mit Einzelkosten (Material-, Lohnkosten etc.) belastet, die Kostenträgergemeinkosten verbleiben bei der leistenden Kostenstelle

    $\Rightarrow$ der tatsl. Kostenanfall wird nicht ausgewiesen

    $\Rightarrow$ Anwendung nur im Einzelfall

- Kostenstellenausgleichsverfahren (keine Aktivierung)
  - Sonderverrechnung für innerbetriebliche Sonderleistungen
  - Ablauf: - empfangene Kostenstelle wird gleich mit Beleg belastet (bei Einzelkosten)

    - Gemeinkosten werden über die Abrechnungsperiode hinweg gesammelt (um eine Basis für die Verrechnung zu haben) und am Ende in Abhängigkeit von den Einzelkosten verteilt

    $\rightarrow$ Gemeinkosten müssen sich proportional zu den EK verhalten
  - Einrichtung einer besonderen Vorkostenstelle ist hier nicht nötig, da der Ausgleich gleich zwischen den einzelnen Kostenstellen erfolgt
  - Kostenträgerverfahren: - Sonderleistungen fallen zufällig an und können auch aktiviert werden

    $\Rightarrow$ dann ist dann ist das Kostenträgerverfahren anwendbar

    - zu verkaufende Erzeugnisse werden wie üblich aktiviert, aber ohne Verwaltung, Vertrieb

    - Anwendung bei innerbetriebl./aktivierbaren Leistungen

- Kostenstellenumlageverfahren
  - unexaktes Verfahren
  - Standardverrechnung von Kostenstellenleistungen bei einseitigen Leistungsbeziehungen oder Ignoranz zweiseitiger Leistungsbeziehungen
  - Leistungsverflechtung zw. Hilfs-(Vor-)Kostenstellen wird gar nicht (beim Anbauverfahren) od. nur teilweise (beim Stufenleiterverfahren) berücksichtigt

(1) Anbauverfahren

Ermittlung des Verrechnungssatzes k_{Anbau}:

$$k_{Anbau} = \frac{\text{primäre Gemeinkosten der Vorkostenstelle} \text{ (die, die man verrechnen will)}}{\text{Leistungsabgabe an Hauptkostenstellen}}$$

$\rightarrow$ Verfahren vernachlässigt, daß die Hilfskostenstellen auch untereinander Leistungen abgeben

(2) Stufenleiterverfahren

- schrittweises Vorgehen
- gibt mehrere Hilfskostenstellen → die erste ist die, die keine od. nur eine minimale Leistungsabgabe an andere Kostenstellen hat (ist deshalb die erste, um den Fehler gering zu halten)

→ 1.Stufe – Verrechnungssatz k_{Stufe} –

$$k_{Stufe} = \frac{\text{primäre Gemeinkosten der Vorkostenstelle}}{\text{Leistungsabgabe an alle Hilfs- und Hauptkostenstellen}}$$

→ 2.Stufe

$$k_{Stufe} = \frac{\text{primäre Gemeinkosten + sekundäre Gemeinkosten}}{\text{Leistungsabgabe an alle Hauptkostenstellen}}$$
u. noch nicht abgerechnete Hilfskostenstellen

- Iterations- und Gleichungsverfahren
  - o exaktes Verfahren
  - o Verrechnung von Kostenstellenleistungen unter Berücksichtigung mehrfacher Leistungsbeziehungen

(1) Iterationsverfahren

- Startlösung wird vorgegeben (z.B. abgerechnete Hilfskostenstelle)
  → wird im Laufe der Iterationsschleife immer wieder verbessert, bis man ein genaues Ergebnis hat

(2) Gleichungsverfahren

- wechselseitige Leistungsverflechtung zwischen den Hilfskostenstellen
- kostendeckende Betrachtung → Gewinn bleibt außen vor
- jede Hilfsfunktion wird mit primären und sekundären Gemeinkosten belastet

$$\left[\begin{array}{l} \text{primäre Gemeinkosten} \\ + \text{ x-mal der Verrechnungssatz} \\ \text{zur jew. verbundenen KST (x * k)} \\ k) \end{array} \right] = \left[\begin{array}{l} \text{Gesamtleistungsabgabe} \\ + \text{ x-mal der Verrechnungssatz} \\ \text{zur jeweils verbundenen KST (x *} \\ k) \end{array} \right]$$

3.5 Die Formen der Kostenstellenrechnung – Aufstellung BAB

a) Buchhalterisch im Kontenrahmen

- für jede Kostenstelle gibt es ein Konto
- im "Soll" stehen die Gemeinkostenarten aus der Kostenartenrechnung, im "Haben" erfolgt der Ausgleich
- am Ende der Periode Verrechnung der Kostenarten auf die Kostenträger
- nur für kleine U geeignet, da sehr unübersichtlich

b) Tabellarisch im BAB

- für größere U geeignet
- Spalten = Kostenstellen
  Zeilen = Gemeinkostenstellen

Mehrstufiger Betriebsabrechnungsbogen:

Gemeinkostenart	Zahlen der KLR	Allg. KST Kraftwerk	Material-stelle	Fertiggs.-hilfsstelle	Fertigungshauptstellen 1 2		Verwaltg.-stelle	Vertriebsstelle
Gemeinkosten-material	20 000	10 000	500	500	4 000	4 000	500	500
Hilfslöhne	100 000	30 000	20 000	6 000	30 000	30 000	1 000	1 000
Gehälter	300 000	20 000	4 000	6 000	60 000	70 000	70 000	70 000
Sozialkosten	90 000	5 000	500	2 000	20 000	30 000	30 000	2 500
Versch. Kosten	100 000	90 000	1 000	2 000	1 000	1 000	1 000	4 000
Betriebssteuern	20 000	5 000	1 000	500	5 000	5 000	1 500	2 000
Abschreibungen	170 000	40 000	1 000	3 000	30 000	60 000	26 000	10 000
Zwischensumme	800 000	200 000	10 000	20 000	150 000	200 000	130 000	90 000
[1]Umlage Kraftwerk			5 000	10 000	75 000	80 000	20 000	10 000
			15 000	30 000	225 000	280 000	150 000	100 000
[2]Umlage Fertigungshilfsstelle					10 000	20 000		
					235 000	300 000		
Zuschlagssätze			10 % FM		200 % FL	150 % FL	15 % HK	10 % HK

Arbeitsgänge im BAB:

1. Übernahme der Gemeinkosten aus der Kostenartenrechnung
2. Verteilung der Primärkosten auf die Kostenstellen mit Hilfe von Belegen und Schlüsseln
   = Kostenartenumlage
3. Verteilung der Kosten der allgemeinen Kostenstellen auf alle übrigen Kostenstellen =
   Kostenstellenumlage (= innerbetriebliche Leistungsverrechnung)
   → Sekundärkosten entstehen
4. Verteilung der Kosten der Fertigungshilfskostenstellen auf die Fertigunghauptkostenstellen
   = Kostenstellenumlage
   → Sekundärkosten entstehen
5.   Bildung   der   Gemeinkostenzuschlagssätze
   = Kostenträgerumlage
   → Gemeinkostenzuschlagssätze müssen die Inanspruchnahme eines Kostenbereiches
   durch den Kostenträger widerspiegeln
   (Proportionalität zw. Inanspruchnahme u. Kostenanfall)

Zuschlagssätze:

Allgemein: $\quad$ Zuschlagssatz = $\dfrac{\text{zu verteilende Gemeinkosten}}{\text{auf erfaßbare Einzelkosten beziehen (Schlüsselgröße)}}$

(1) Materialgemeinkostenzuschlagssatz

$$\text{MGK-ZS} = \frac{\text{MGK}}{\text{MEK}} * 100 \qquad\qquad \begin{array}{l}\text{MGK...Materialgemeinkosten}\\ \text{MEK...Materialeinzelkosten}\end{array}$$

(2) Fertigungsgemeinkostenzuschlagssatz

$$\text{FGK-ZS} = \frac{\text{FGK}}{\text{FEK}} * 100$$

(3) Verwaltungsgemeinkostenzuschlagssatz

$$\text{VwGK-ZS} = \frac{\text{VwGK}}{\text{HK}} *100 \qquad\qquad \text{HK...Herstellkosten}$$

(4) Vertriebsgemeinkostenzuschlagssatz

$$\text{VtGK-ZS} = \frac{\text{VtGK}}{\text{HK}} * 100$$

Ermittlung der Herstellkosten:

```
      Materialeinzelkosten
   +  Materialgemeinkosten
```
   = Materialkosten

```
   +  Fertigungseinzelkosten
   +  Fertigungsgemeinkosten
   +  Sondereinzelkosten (SEK) der Fertigung
```
(nicht direkt d. einzelnen Produkt zuzurechnen, sonder nur einer Gruppe aus gleichen Produkten)

   = Herstellkosten der Fertigung

   ± Bestandsänderg. (+Minderung / -Mehrung) an fertigen u. unfertigen Erzeugnissen

   = Herstellkosten des Umsatzes

→ Mit Hilfe der Herstellkosten des Umsatzes kann man die Kosten auf die Kostenträger verrechnen.

```
      Herstellkosten des Umsatzes
   +  VwGK
   +  VtGK
   ±  Sondereinzelvertriebskosten
```
   = Selbstkosten

26

Kritik:

(1) Probleme treten auf, wenn man die Herstellkosten als Zuschlagsbasis für die Vertriebskosten verwendet
⇒ Prozeßkostenrechnung als Lösung für die Verteilung der Vertriebsgemeinkosten (welche Prozesse sind am Vertrieb beteiligt und in welchem Umfang)

(2) Verhalten der Fertigungsgemeinkosten
→ sinken die FEK und steigen die FGK, dann steigt der FZS überproportional an
⇒ ist nicht mehr geeignet für die Berechnung

(3) Verteilung der Gemeinkosten (fix u. variabel) auf der Basis von EK (variabel)
→ man unterstellt somit eine Proportionalität zwischen Gemein- und Einzelkosten, die es Wirklichkeit aber nicht gibt

(4) Verhalten des Zuschlagssatzes in Abh. von der Beschäftigung
→ steigt die IST-Beschäftigung, dann ist der Zuschlagssatz zu gering
sinkt die IST-Beschäftigung, dann ist der Zuschlagssatz zu hoch
⇒ man müßte eigentlich für jede Beschäftigung einen ganz spezifischen Zuschlagssatz berechnen
→ da man dies nicht tut, ist das ganze fehlerbehaftet

Um dem entgegenzuwirken, arbeitet man mit Normal-(Plan-)zuschlagssätzen):
→ Durchschnittswerte der Vergangenheit heranziehen
→ am Periodenende dann den Unterschied zum IST ausweisen (Differenz)

Normalmaterial-GK = IST-Material-GK * Normalmaterial-GK-Zuschlagssatz

3.6. Maschinenstundensatzrechnung

(resultiert aus der Fehlerhaftigkeit der vorherigen Punkte)

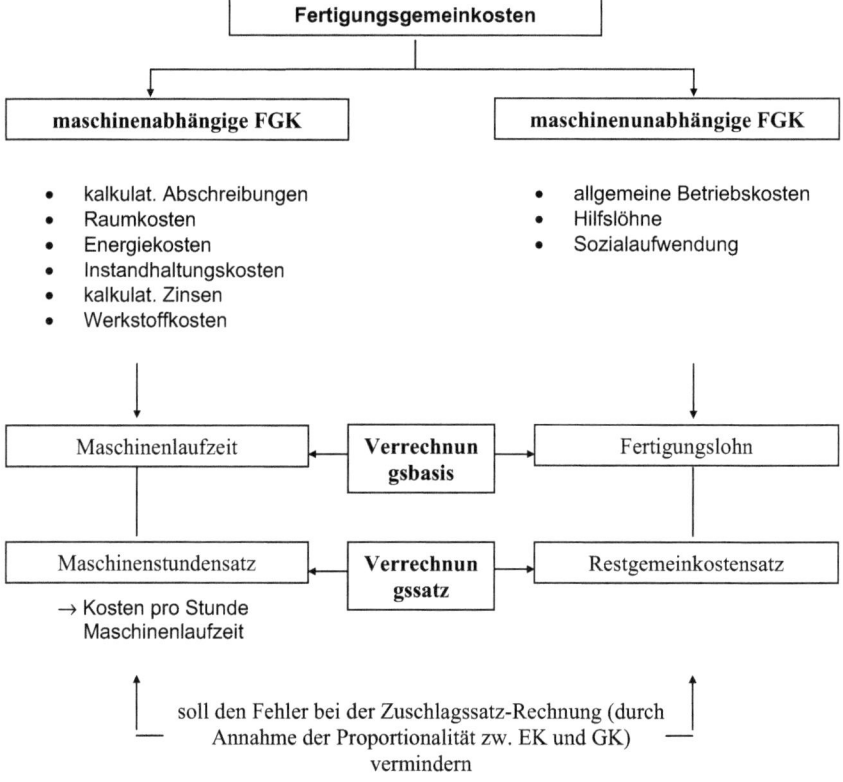

Problem bei der Maschinenstundensatzrechnung ist die Ermittlung der Maschinenstundenkosten. Theoretisch müßte man dies für jede Maschine einzeln berechnen, was jedoch sehr aufwendig ist.

4. Die Kostenträgerrechnung

4.1. Aufgaben und Grundlagen der Kostenträgerrechnung

Kostenträger sind Erzeugnisse u. Dienstleistungen, denen die auf sie entfallenen Kosten zugerechnet werden.
(Kostenträger sind Erz. / DL, weswegen die Kosten anfallen)

a) Aufgaben der Kostenträgerrechnung

Aufgaben und Ziele der Kostenträgerrechnung	
Kostenträgerrechnung	
Kostenträgerstückrechnung	Kostenträgerzeitrechnung (kurzfristige Erfolgsrechnung)
<ul><li>Beurteilung der Ertragskraft</li><li>Preisbildung Absatzmarkt</li><li>Ermittlung der Preisuntergrenzen</li><li>Bewertung der Bestände</li><li>Kalkulationsvergleiche</li><li>Wirtschaftlichkeits- und Kostenkontrolle</li></ul>	

b) Unterteilung der Kostenträgerrechnung in:

1. Kostenträgerstückrechnung
   Kalkulation
   - Ermittlung der Kosten pro Stck. unabh. vom Fertigungszeitraum
     → Grundlage für die Preisbildung

2. Kostenträgerzeitrechnung
   kurzfr. Erfolgsrechnung
   - Ermittlung der Kosten pro Zeiteinheit unabh. von Fertigstellungsgrad der Erzeugnisse und DL (Kosten pro Monat)
   - nur mgl., wenn auch die Erlöse gegeben sind (Beurteilung der Ertragskraft)

4.2.Kostenträgerstückrechnung

→ Ermittlung der Kosten pro Leistungseinheit / Produkt unabh. vom Zeitraum

4.2.1.Vor-. Zwischen- und Nachkalkulation

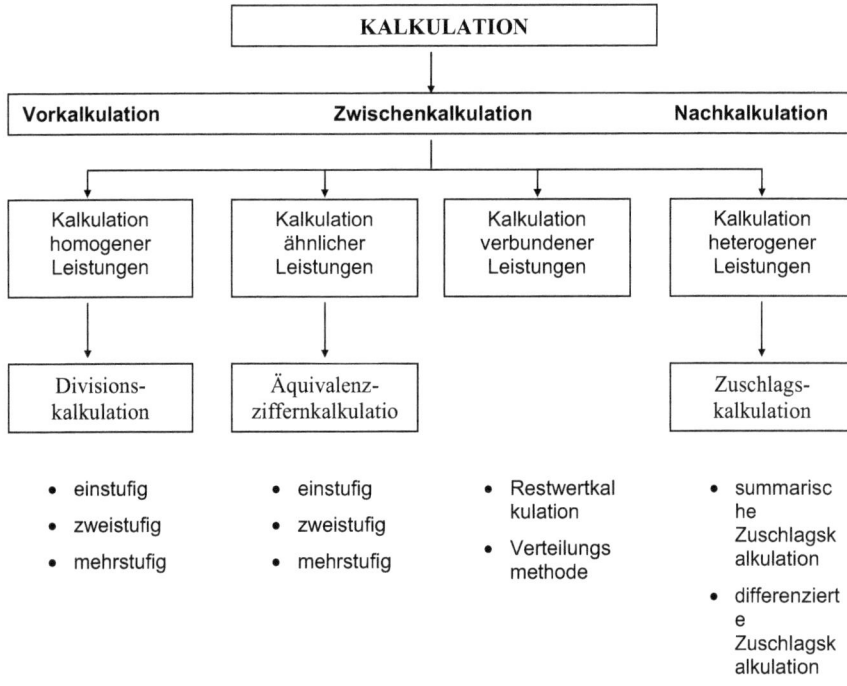

a) Vorkalkulation
- Anwendung vor dem Zeitpunkt der Leistungserstellung
- insbesondere bei der Herstellung von Einzelerzeugnissen
- stützt sich auf: Stck-Listen (liefern den Materialverbrauch)
                      Arbeitsplatzstammkarten (Basis für die Lohnkosten)
- Gemeinkosten nur als Normal-/Plankosten

b) Zwischenkalkulation
- Anwendung: bei Großaufträgen
                länger andauernden Aufträgen
                bei Funktions-/Fertigungsmustern für neue Erzeugnisse
-        soweit   wie   mgl.   IST-Kosten   anwenden
    → ist allerdings problematisch bei den Gemeinkosten
    ⇒ dort lieber Normal-/Plankosten verwenden
- Aussage über Niveau der Vorkalkulation bereits möglich

c) Nachkalkulation
- nach der Leistungserstellung überprüfen, ob Vorkalkulation auf dem Niveau eingetreten ist od. ob es Abweichungen gibt
- weitestgehend IST-Daten verwenden (hptsl. bei Einzelkosten)
-     jedoch   Probleme   bei   IST-Gemeinkostenzuschlagssätzen
⇒ für GK besser Normal-/Plankosten verwenden

4.2.2.Die Kalkulation homogener Leistungen

- homogene Leistung = gleichartige Leistung
- für Vor-, Zwischen-, Nachkalkulation anwendbar

a) Einstufige Divisionskalkulation

berücksichtigt **keine** Lagerbestandsänderungen

(1) Summarische Divisionskalkulation

-    nur   bei   Einproduktunternehmen   anwendbar   (z.B.   Wasserwirtschaft, Energieerzeugung)
→ Homogenität der Erzeugnispalette
- Bestandsänderungen dürfen nicht vorliegen

$$k = \frac{K}{x}$$

k ...   Stückkosten (Einheitskosten)
K...   Gesamtkosten der Periode
x ...   Leistungsmenge der Periode

(2) Differenzierte Divisionskalkulation

$$k_1 = \frac{K_1}{x}$$

K_1...   Kosten d. Kostengruppe 1 in der Periode

VORTEIL: keine Kostenstellen ⇒ gesamten Kosten werden durch die gesamte Leistg. geteilt

b) Zweistufige Divisionskalkulation

berücksichtigt Lagerbestandsänderungen von Fertigerzeugnissen

$$k = \frac{K_H}{x_p} + \frac{K_{VW} + K_V}{x_A}$$

K_H ...   Herstellkosten der Periode
K_{VW} ... Verwaltungskosten d. P.
K_V ... Vertriebskosten d. P.
x_P ...   produz. Leistgs.-menge d. P.
x_A ...   abgesetzte Leistgs.-menge

K_H/x_P...Kosten je Produkt

31

Unter dem Aspekt der mglst. niedrigen Kapitalbindung werden hergestellte Güter zu Herstellkosten bewertet. Nur die tatsl. abgesetzten Produkte werden zu Absatzkosten bewertet (incl. Verwaltungs- und Vertriebskosten).

VORTEIL: - Herstellkosten (K_H) werden auf die produzierte Menge (x_P) bezogen
- Verwaltungs- u. Vertriebskosten werden auf die abgesetzte Menge (x_A) verrechnet
- Differenzierung ist sehr wichtig (wg. Lagerbestandsänderungen)

c) Mehrstufige Divisionskalkulation

berücksichtigt Lagerbestandsänderungen von fertigen und unfertigen Erzeugnissen

$$k = \frac{K_{H1}}{x_{P1}} + ... + \frac{K_{Hm}}{x_{Pm}} + \frac{K_{VW} + K_V}{x_A}$$

$K_{H1}...K_{Hm}$ = Herstellkosten d. Perioden in d. Fertigungsstufen 1...m

VORTEIL: - bei Stufenproduktion (Produkte werden in Stufen produziert)
→ Kosten können von anderen Produkten getrennt werden
1.Prod.-Stufe: Herstellkosten des Produktes
2.Prod.-Stufe: Herstellkosten für Erweiterungen des Produktes durch Leistung für dessen Verarbeitung

Jede weitere Stufe ist für sich absetzbar / abgrenzbar (dort jew. Vertriebs-/Verwaltungskosten)

4.2.3.Die Kalkulation ähnlicher Leistungen

Äquivalenzziffernkalkulation (Sonderform der Divisionskalkulation)
- angewendet in Unternehmen mit ähnlichen Produkten (Sortimentskalkulation)
Produktionsablauf ist gleich → *aber*: unterschiedliche Menge (Umfang), Materialverbrauch
unterschiedlicher Input / Output
- z.B. Bierherstellung (kein Bier schmeckt gleich)
Elektromotor mit untersch. Leistung (aber vom Prinzip her gleich)

Die Unterschiede der Produkte werden durch die Äquivalenzziffern festgelegt / gezeigt.
→ gibt an, in welchem Verhältnis die Kosten eines Produktes zu den Kosten desjenigen Produktes stehen, dem man die Äquivalenzziffer 1 (Gewichtungsfaktor) gegeben hat
→ können aber auch untersch. Material- / Energieverbräuche sein
→ können durch Technik / Analysen / einfach so festgelegt werden

Man unterscheidet: *(1) Einstufige Äquivalenzziffernkalkulation*
→ Äquivalenz wird nur einmal angewendet

(2) Zweistufige Äquivalenzziffernkalkulation
→ bei Zwischenprodukten

(3) Mehrstufige Äquivalenzziffernkalkulation
→ bei Stufenproduktion (siehe 4.2.2.)

Abfolge der Äquivalenzziffernkalkulation:

1.Stufe: Festlegung des Produktes mit der Äquivalenzziffer 1
→ dann abgestuft für die anderen Produkte durch Verhältnisbildung

2.Stufe: Multiplikation der IST-Stückzahlen mit der Äquivalenzziffer
→ Wichtung der Stückzahl mit den Äquivalenzziffern → Summen bilden

3.Stufe: gesamte Kosten werden durch die Summe (s. 2.Stufe) geteilt (Rechng. siehe Copy Quick Fall)

4.2.4.Kalkulation verbundener Leistungen (Kuppelkalkulation)

- Kalkulation von Kuppelprodukten
- bei der Produktion sind die Produkte technologisch verbunden
→ in einem Prozeß entstehen automatisch die Produkte A, B, C in konstanten und variierenden Verhältnis
→ man kann nicht verhindern, daß die anderen Produkte auch entstehen
→ z.b. Abfallverwertung → Abfälle sind Nebenprodukte (Kuppelproduktion)

Bei der Kuppelproduktion ist eine verursachungsgerechte Aufteilung der Kosten nicht mgl.
⇒ Anwendung des Tragfähigkeitsprinzip, d.h. die Kosten werden nach Belastbarkeit verteilt!

a) Restwertkalkulation

- unterstellt das Vorhandensein von Haupt- und Nebenprodukt
- für Nebenprodukte gibt es Marktpreise → werden verkauft
→ Summe der Umsatzerlöse der Nebenprodukte werden von den Gesamtkosten abgezogen
⇒ Ergebnis sind die Kosten für die Hauptprodukte
(ist aber nur eine näherungsweise Lösung)

Problem: steigen die Marktpreise für die Nebenprodukte sinken die Preise für die Hauptprodukte (nicht real)

b) Verteilungsmethode

- alle Produkte werden gleich umgesetzt u. dann werden wieder Äquivalenzziffern gebildet
→ dann Verteilung der Kosten (allerdings nicht verursachungsgerecht)
Problem: bei schwankenden Marktpreisen schwanken die Hauptkosten

Insgesamt gesehen sollten ein positiver Deckungsbeitrag und ein langfristiger Gewinn angestrebt werden.

4.2.5. Kalkulation heterogener Leistungen

→ *Zuschlagskalkulation*: bei Mehrproduktunternehmen (alles heterogene Leistungen)
                       → keine Divisionskalkulation

→ *Voraussetzg.*: - Kostenartenrechnung zur Unterteilung in fixe und variable
                     Kosten bzw. zur Unterteilung in Einzel- und Gemeinkosten

                  - Je höher der Anteil an den Einzelkosten desto genauer wird
                  die Kalkulation!

a) Summarische Zuschlagskalkulation

$$GK = ZS_{SZ} = \frac{\text{Summe der Gemeinkosten}}{\text{Summe der Einzelkosten}} * 100$$

- ungenaues Verfahren, da jedes Produkt mit der gleichen Zuschlagsbasis bewertet wird, obwohl sie jew. untersch. Gemeinkosten haben

b) Differenzierte Zuschlagskalkulation

Kalkulationsschema:

```
  Materialeinzelkosten
+ Materialgemeinkosten
= Materialkosten
+ Fertigungslöhne
+ Fertigungsgemeinkosten
+ Sondereinzelkosten der Fertigung
= Fertigungskosten
= Herstellkosten der Fertigung

+ Verwaltungskosten
+ Vertriebskosten
+ Sondereinzelkosten des Vertriebs
= Selbstkosten
+ kalk. Gewinn
= Barverkaufspreis
+ Kundenskonto
= Zielverkaufspreis
+ Kundenrabatt
= Nettoverkaufspreis
+ Umsatzsteuer
= Bruttoverkaufspreis
```

Die Lösung für die Problematik der Kosten der Umsatzprodukt und den Umsatzerlösen der Nebenprodukte ist die MASCHINENSTUNDENSATZRECHNUNG.
Vorteil: - für jede Gemeinkostenart wird eine spezielle Zuschlagsbasis verwendet

5. Die kurzfristige Erfolgsrechnung (Kostenträgerzeitrechnung)

5.1. Aufgaben und Grundlagen der kurzfristigen Erfolgsrechnung

- im Rahmen des Jahresabschlusses als Kostenträgerzeitrechnung bezeichnet
- bei unterjährlicher / quartalsweiser Betrachtung spricht man von der kurzfr. Erfolgsrechng.
- kurzfr. Erlogsrechng. auch als Betriebsergebnisrechng. bezeichnet
- hier werden die Teile der KLR zusammengeführt → Gegenüberstellung von Kosten und Leistung
- Ziel ist der Ausweis des Erfolges einer Periode

notwendig ist:
- dass die kurzfristige Erfolgsrechnung unterjährig durchgeführt wird, um deren Ergebnisse für kurzfristige Entscheidungen nutzen zu können
- dass differenziert wird, um so evtl. Probleme lokalisieren zu können

Probleme bzgl. der Abgrenzung:
Kosten, die in einer Periode entstanden sind, stimmen oft nicht mit den Erlösen dieser Periode überein (Kosten ≠ Erlösen)

5.2. Verfahren der kurzfristigen Erfolgsrechnung

a) Gesamtkostenverfahren

- den gesamten Erlösen einer Periode werden die gesamten Kosten, gegliedert nach Kostenarten, gegenübergestellt
- dazu ist nur die Kostenträgerrechnung notwendig (die Kostenstellenrechnung nicht)
- allerdings müssen die Bestandsänderungen berücksichtigt werden

(1) Betriebsergebniskonto

Bestandsmehrung: AB < SB
                           → mehr Produktion als Verkauf
                           ⇒ mehr Kosten als Erlöse
                           ⇒ Ausweis auf der Haben-Seite

Bestandsminderung: AB > SB
                           → mehr Verkauf als Produktion
                           ⇒ mehr Erlöse als Kosten
                           ⇒ Ausweis auf der Soll-Seite

aktivierte Eigenleistung: Leistung, die selber erbracht und auch selber genutzt wurde
                           ⇒ muß aktiviert werden

(2) Statistisch – tabellarische Ermittlung des Betriebsergebnisse (BAB 2)

- BAB 2 wird mit Hilfe der Normalkosten dargestellt – reine Istkosten meist nicht möglich.
- bei der Arbeit mit Normalkosten muss man die Abweichung zu den Istkosten betrachten
- man unterscheidet:
  - *(1) Überdeckung:*   verrechnete Normalkosten > Istkosten
    → es wurde mehr verrechnet als tatsl. angefallen ist
  - *(2) Unterdeckung:*   verrechnete Normalkosten < Istkosten
    → es wurde weniger verrechnet als tatsl. angefallen ist

(3) Ermittlung des Gewinns

$$\textbf{GEWINN} = \text{Umsatz} - \underbrace{\sum_{i=1}^{n}(x_{pi} - x_{ai}) * k_{HKi}}_{\substack{\text{Bestandsänderung} \\ \rightarrow \text{bewertet zu Herstellkosten}}} - \underbrace{\sum_{j=n}^{n} k_j}_{\substack{\text{Gesamtkost} \\ \text{en}}}$$

x_a ... abgesetzte Güter
x_p ... produzierte Güter

(4) Vorteile und Nachteile des Gesamtkostenverfahrens

Vorteile: - GKV kann Daten aus der Buchführung übernehmen, da äquivalent

Nachteile: - Betriebsergebnis kann man nur für das gesamte U ermitteln
→ es wird nicht mehr nach Produktarten etc. differenziert
- Bestände müssen jedesmal durch Inventur ermittelt werden
→ sehr aufwendig

Das GKV wird häufig in kleineren U verwendet, da sich hier die Bestände einfacher kontrollieren lassen.

b) Umsatzkostenverfahren

- Kosten der in der Periode abgesetzten Erzeugnisse werden den U – Erlösen der abgesetzten Erzeugnisse gegenübergestellt
  ⇒ keine Berücksichtigung der Bestandsveränderung
- UKV setzt die Kostenstellen- und Kostenträgerrechnung voraus

(1) Betriebsergebniskonto

(2) Statistisch – tabellarische Ermittlg. des Betriebsergebnisse (Kostenträgerblatt)

(3) Ermittlung des Gewinns

$$\textbf{GEWINN} = \text{Umsatz} - \sum_{i=1}^{n} x_{ai} * k_{SKi}$$
$$= \sum_{i=1}^{n} x_{ai} * (p_i - k_{SKi})$$

(4) Vorteile und Nachteile des Umsatzkostenverfahrens

Vorteile: - Betriebsergebnis wird differenziert nach Produkten, Kunden etc. ermittelt od. gesamt
⇒ bessere Entscheidungen mgl.
- Inventur ist nicht nötig

Nachteile: - man muß vorher die Kostenstellen- und –trägerrechnung durchführen

6. Kostenrechnungssysteme

6.1. Begriff, Arten und Merkmale der Kostenrechnungssysteme

Traditionell dominiert die Vollkostenrechnung auf Ist – Kostenbasis. Der Trend geht jedoch zur Teilkostenrechnung auf Plankostenbasis.

6.1.1. Verrechnungsprinzipien

a) Verursachungsprinzip (Marginalprinzip)

- besagt, daß Kosten nur den Kostenträgern und –stellen zugerechnet werden, die sie auch verursacht haben
- es werden nur die variablen Kosten verrechnet

⇒ *Teilkostenrechnung*

- Marginalprinzip: Kostenzurechnungsprinzip, wonach den Leistungen nur jene Kosten zugerechnet werden, die durch Herstellung und Absatz dieser Leistungen ausgelöst worden (= relevante Kosten)
Bei Wegfall dieser Leistung entfallen diese relevanten Kosten.

b) Durchschnittsprinzip

- alle Kosten werden auf die Kostenträger und –stellen verteilt

⇒ *Vollkostenrechnung*

- über Schlüsselung werden die Fixkosten auf die einzelnen Kostenträger /-stellen verteilt

c) Kostenträgertragfähigkeitsprinzip

- nicht verursachungsgerecht
- man geht davon aus, welches Erzeugnis aufgrund seines Marktpreises die meisten Kosten tragen kann

⇒ *Verteilung nach Kostentragfähigkeit*

- ist für betriebl. Entscheidungen nicht geeignet, da nicht nach Verursachung verteilt wird

6.2.Vollkosten- und Teilkostenrechnungen

6.2.1.Vor- und Nachteile der Vollkostenrechnung

a) Vorteile

- Vollkostenrechng. ist aussagefähiger, da die gesamten Kosten ermittelt werden
  ⇒ m.h. der VKR wird die langfristige Preisuntergrenze angegeben
- VKR ist wichtig für die Bewertung der Bestände und zur Kostenkontrolle

b) Nachteile

- Einzelkosten werden direkt auf die Kostenträger verrechnet
  Gemeinkosten werden m.h. von Zuschlagsbasen auf die Kostenträger verrechnet
  ⇒ Mängel sind immer vorhanden
  ⇒ nie exakt

  Die VKR ist nicht marktkonform: Nachfrage sinkt ⇒ Absatz sinkt ⇒ Produktion sinkt
  ⇒ Kapazitätsauslastung sinkt ⇒ Nutzkosten sinken
  ⇒ Leerkosten steigen ⇒ Fixkosten verteilen sich
  auf weniger Produkte (bzw. geringere Stückzahlen)
  ⇒ Kosten steigen ⇒ Preise steigen
  ⇒ Die VKR ist für Preisentscheidungen nicht geeignet!

6.2.2. Aufgaben und Grundprinzipien der Teilkostenrechnung

In der TKR wird nur ein Teil der Kosten den Kostenträgern und –stellen zugerechnet.
Somit entspricht die TKR dem Verursachungsprinzip.

- TKR entspricht den Bedingungen des Marktes
  → bei Konjunkturrückgang mit fallenden Marktpreisen kann man entscheiden, ob es sich
  noch lohnt, mit kostendeckenden Preisen zu arbeiten
  ⇒ Marktpreis statt Kosten bildet die Grundlage für die Kalkulation

a) Grundprinzipien der TKR

(1) Nur relevante Kosten werden auf die Bezugsgrößen verrechnet (Marginalprinzip).

(2) Bezugsgrößen können Kostenstellen od. Kostenträger sein. Man kann untersch.
Perioden / Zeiträume, untersch. Kunden / Vertriebswege betrachten.

(3) Die verbleibenden Kosten (Bereitschaftskosten) werden retrograd vom Bruttoerfolg
abgesetzt (ein- od. mehrstufig).
Der so entstandene Nettoerfolg wird nicht mehr von Bestandsveränderungen
beeinflußt (man geht sowieso immer vom abgesetzten Erzeugnis aus)

relevante Kosten sind: - variable Kosten (abh. von der Beschäftigung)
- direkt zurechenbare Kosten

Deckungsbeitrag: - ist der Überschuß über die Teilkosten

Probleme:
o Welche Kosten stelle ich gegenüber (direkte od. variable)?
o Wie werden die Kosten od. DB's weiter verrechnet?

b) Vorteile der Teilkostenrechnung gegenüber der Vollkostenrechnung

- TKR berücksichtigt das untersch. Verhalten bei Beschäftigungsänderungen
  → man geht nur von den relevanten Kosten aus und berücksichtigt die
    Bereitschaftskosten erst am Schluß
- Voraussetzg. für die Anwendung der TKR ist die Kostenauflösung in fixe / variable und
  direkte / Gemeinkosten
- für die TKR sind keine Umlageschlüssel nötig ⇒ Fehler sinkt

c) Aufgaben von Teilkostenrechnungssystemen

- Verbesserung der Erfolgsanalyse
- Verbesserung absatzpolitischer Entscheidungen
- Verbesserung der Programmplanung
- Verbesserung der Kostengrundlage
- Verbesserung der Kostenkontrolle
- Ermittlung der kurzfristigen Preisuntergrenze

6.2.3.Einstufige Deckungsbeitragsrechnung (direct costing)

- Form der Teilkostenrechnung
- entspricht dem Verursachungsprinzip (Marginalprinzip)

a) Voraussetzungen zur Anwendung der einstufigen DB-Rechnung

- Marktpreise für die eigenen Produkte müssen vorhanden sein
- linearer Verlauf der Gesamtkosten wird unterstellt
- Kostenauflösung muss vorgenommen werden (Aufspaltung in fixe und variable Kosten)
  → *Methoden*: - buchhalterische Kostenauflösung
                 - grafische Kostenauflösung
                 - Differenzenbildung u.a.
  Nach der Kostenauflösung kann man den Deckungsbeitrag (DB) berechnen.

b) Berechnung des Deckungsbeitrages

1. Absoluter Stückdeckungsbeitrag

$$db = p - k_v$$ in [DM/Stck.]

- gibt an, in welchem Umfang die verbleibenden fixen Kosten gedeckt werden
- sind die fixen Kosten gedeckt, ist jede zusätzliche DM über dem Deckungsbeitrag
  Gewinn
- anwendbar bei annähernd gleichen Stückzahlen → Vgl. mgl.

2. Absoluter Deckungsbeitrag je Produktart

- Anwendung bei untersch. Stückzahlen

$$DB_i = db_i * x_i$$
$$= U_i - K_{vi} \quad \text{(wenn)}$$

in [DM]   i ...Produktart
            x ...Stückzahl

- mittels DB_i kann man feststellen, welches Produkt den höchsten Deckungsbeitrag erzielt hat $\Rightarrow$ bessere Entscheidungen sind mgl.

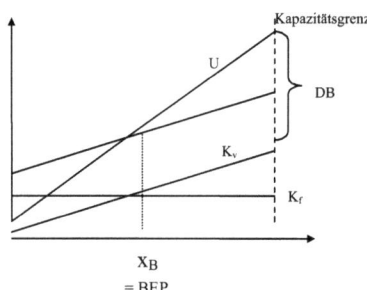

$$K_G = K_f + k_v * x$$

$$x_B = \frac{K_f}{p * k_v} = \frac{K_f}{db}$$

= Menge, bei der die Summe der erwirtschaft. Stck.-deckgs.-beiträge gerade ausreicht, um Fixkosten zu decken

Stückzahl $< x_B \Rightarrow$ Fixe Kosten sind nicht gedeckt $\Rightarrow$ Verlustzone
Stückzahl $= x_B \Rightarrow$ Deckung der fixen und variablen Kosten
Stückzahl $> x_B \Rightarrow$ Deckung aller Kosten $\Rightarrow$ Gewinnzone
$\rightarrow$ Gewinnmax. liegt im linearen Fall an der Kapazitätsgrenze

3. Gesamtdeckungsbeitrag des Unternehmens

$$DB_U = \sum db_i *$$

in [DM]

$\rightarrow$ man entscheidet sich für das Produkt mit dem höchsten Deckungsbeitrag (vorausgesetzt, es liegt keine Begrenzung der Kapazität vor)

4. Relativer Deckungsbeitrag

$\rightarrow$ wird bei Kapazitätsengpaß angewendet

$$db_r = \text{Deckungsbeitrag pro Zeiteinheit}$$
$$= \frac{db}{t}$$

in [DM / ZE]

c) Einstufige Deckungsbeitragsrechnung als Kostenrechnungssystem

ca) Kostenträgerzeitrechnung

Kostenartenrechnung $\Rightarrow$ Aufspaltung der Kosten in fixe und variable Anteile

Kostenstellenrechnung $\Rightarrow$ nur die variablen Kosten werden auf die Kostenstellen
                       verteilt (fixe Kosten gehen in die Teilkostenrechnung
                       erst ganz zum Schluß als Gesamtsumme ein)

Kostenträgerrechnung $\Rightarrow$ Ermittlung des Nettoerfolges (Gewinn od. Verlust)

cb) Kostenträgerstückrechnung

Fertigungsmaterialeinzelkosten (MEK)
+ variable Materialgemeinkosten

= **variable Materialkosten**

+ Fertigungslöhne (FEK)
+ variable Fertigungsgemeinkosten (FGK)

= **variable Herstellkosten (HK)**

+ variable Verwaltungs- od. Vertriebs-GK

= **variable Selbstkosten (SK)**

d) Ermittlung des Deckungszuschlages (ist nötig zur Preisermittlung)

absolut: $p = \dfrac{\text{variable SK} + \text{DB}}{x}$ Soll-DB –geschätzt-

relativ: $ZS = \dfrac{\text{Brutto-DB}}{K_v} * 100$ ZS ... Zuschlagssatz

$\Rightarrow \mathbf{p = k_v + k_v * ZS}$

e) Anwendungsmöglichkeiten der Einstufigen Deckungsbeitragsrechnung

(1) Gewinnschwellenanalyse (BEP-Analyse)

(2) Ermittlung der kurzfristigen Preisuntergrenze

(3) Entscheidung, ob Annahme od. Ablehnung von Zusatzaufträgen

(4) Entscheidung zwischen Eigenfertigung und Fremdfertigung

(5) Ermittlung des optimalen Produktionsprogramms

(6) Ermittlung des optimalen Produktionsverfahrens

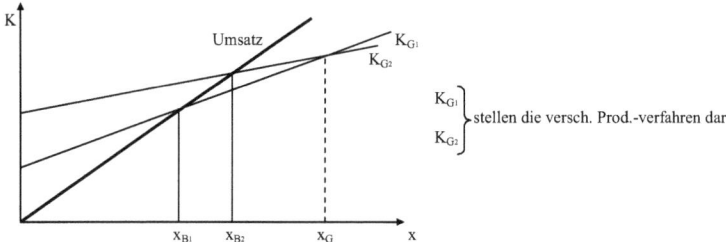

x_G ... Grenzstückzahl

    → bei dieser Stückzahl entstehen bei beiden Prod.-verfahren die gleichen Kosten
    → bei Stückzahlen unter x_G Entscheidung für das Verfahren mit dem niedrigeren Fixkostenanteil
    → bei Stückzahlen über x_G Entscheidung für das Verfahren mit dem höheren Fixkostenanteil, da die variablen Kosten dann geringer sind

    x_G: $K_{G_1} = K_{G_2}$

$$x_G = \frac{K_{f_2} - K_{f_1}}{k_{v_1} - k_{v_2}}$$

    → Eine „Bewegung" um x_G ist problematisch, da Abschätzungen bzgl. der zukünftigen Entwicklung in diesem Bereich schwierig sind (Tendenzen sind nicht erkennbar).

f) Vorteile der einstufigen DB-Rechnung

    - Fehler der Vollkostenrechnung – die Verrechnung der Fixkosten – wird hier vermieden
    ⇒ Einst. DB-Rechnung ist einfach durchzuführen und außerdem geeignet für kurzfristige Entscheidungen

g) Nachteile der einstufigen DB-Rechnung

    - häufig wird „variabel" mit „zurechenbar" gleichgesetzt
    → d.h. das auch die variablen Gemeinkosten als direkt zurechenbar angesehen werden, obwohl dies nicht richtig ist

    - Bestandsbewertung muß in einer extra Rechnung erfolgen, da Bestände nicht mit Teilkosten bewertet werden können (nur mit Vollkosten)

    - Bildung einer langfristigen Preisuntergrenze ist nicht mgl.

6.2.4. Mehrstufige Deckungsbeitragsrechnung

a) Mehrstufige Deckungsbeitragsrechnung als Kostenrechnungssystem

	Nettoerlös				
- variable Kosten	= Deckungsbeitrag I				
Erzeugnisfixkosten	- Kf_E	= Deckungsbeitrag II			
Erzeugnisgruppenfixkosten	-Kf_{EG}	= Deckungsbeitrag III			
Kostenstellenfixkosten	-Kf_{St}	= Deckungsbeitrag IV			
Bereichsfixkosten	- Kf_B	= Deckungsbeitrag V			
Unternehmensfixkosten	- Kf_U	= Gewinn			

b) Anwendungsmöglichkeiten / Sinn der mehrstufigen DBR

- bei Mehr-Produkt-Unternehmen mit großem Fixkosten-Anteil anwendbar
- Entscheidungsgrundlage für Investitionen → lohnt sich die Invest. od. nicht?
- Entscheidungsgrundlage für langfristige Produktionsprogrammplanung
- Entscheidungsgrundlage für langfristige Preisbildung

c) Nachteil der mehrstufigen DBR

- Tendenz zu Vollkostenrechnungs-Charakter (jedoch ohne Kostenschlüsselung)
- räumliche Trennung von Fixkostenträgern häufig nicht gegeben
→ Schwierigkeiten bei der Berechnung

6.3 Vergangenheitsbezogene Kostenrechnungssysteme

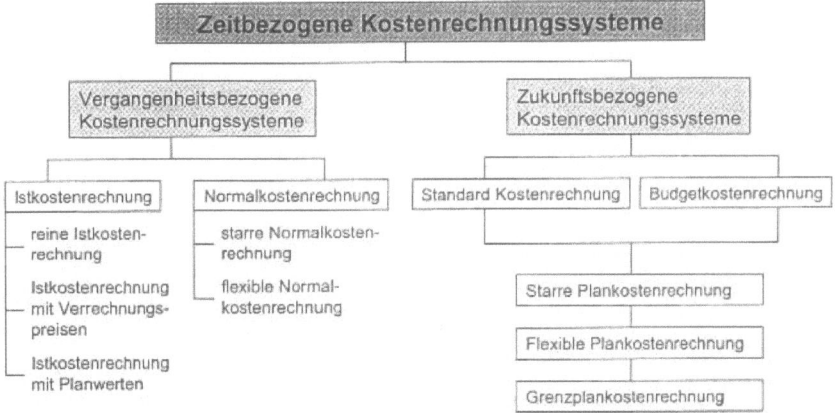